Leamos 1

Relatos cortos en español

Ana Isabel Jiménez del Río

ISBN: 978-0-9573078-1-0

A catalogue record for this title is available from The British Library.

Printed in Turkey

Introduction

Leamos 1 is a book of fourteen short stories written for Spanish beginners to improve their reading skills. The stories use basic vocabulary and grammar which correspond to Level A1 of the Common European Frame of Languages (CEFR). Each story in *Leamos 1* accompanies a lesson of the text book *Hablemos 1* and reinforces the acquisition of the language in a specific context. In addition the website, www.hablemos.org offers materials and resources to teachers, including three audio recordings of the stories.

Visit us at www.hablemos.org

Agradezco a mi hermana Mónica el apoyo y empuje en este proyecto, que sin su interés y ayuda no hubiera sido posible; y a Aliett Komur, su amable colaboración.

Contents

Capítulo 1- Buenos días

Rogelio es el portero de una lujosa casa del centro de Madrid. Además de limpiar el portal, su cometido[1] es saludar y despedir amablemente a todos los que residen y visitan el edificio

El primero en abandonar siempre la casa es don José, un vecino madrugador [2], que sale a pasear cada mañana.

R. Buenos días, don José, ¿Cómo está hoy?- saluda amablemente el portero.

---

[1] Cometido: task

[2] Vecino madrugador: early rising neighbour

J. Muy bien, gracias, ¿y usted?

R. Bueno..., vamos tirando[3].

J. Como todos, ¿qué más se puede pedir?[4]– afirma el cordial vecino.

R. Así es, don José. A seguir bien[5].

J. Hasta luego, Rogelio.

Después de salir don José, llega puntual don Eduardo y después doña Jacinta. Y a continuación transitan[6] algunos más. Rogelio saluda a uno tras otro hasta la hora de comer.

Por la tarde, exactamente lo mismo. Sentado en su portería, el resignado portero da la bienvenida[7] y despide a todos los que salen y entran:

R. Buenas tardes, ¿cómo está doña Elvira?

---

[3] Vamos tirando: still trying to get along
[4] ¿Qué más se puede pedir?: what more can you ask (for)?
[5] A seguir bien: keep on being well
[6] Transitar: to go along
[7] Dar la bienvenida a: to welcome

E. Regular sólo, ¿y usted, Rogelio?

R. No me puedo quejar[8].

E. Eso está bien – responde la señora.

R. Adiós, doña Elvira, y cuídese[9].

E. Adiós y saludos a su mujer.

R. De su parte[10], doña Elvira.

Hoy es un día ajetreado[11], no para de entrar y salir gente del edificio. Al terminar la tarde, Rogelio comienza a sentir el cansancio del día.

Alguien entra de nuevo en el portal; es doña Felisa, una antipática vecina. Rogelio saluda amablemente, como de costumbre:

R. Buenas noches, señora Felisa, ¿cómo está?

---

[8] No me puedo quejar: I can´t complain
[9] Cuídese: look after yourself
[10] De su parte: on your behaf
[11] Ajetreado: busy

Doña Felisa frunce el ceño[12] y no contesta.

Después, entra Pablito, un joven de 17 años:

R. Hola, Pablito ¿qué tal? – dice Rogelio en tono simpático.

Pablito mira a Rogelio, pero tampoco responde. Otras tres personas entran después en la casa, pero ninguna de ellas emite[13] una sola palabra.

Rogelio está aturdido, no entiende la actitud de la gente:

R. ¡Qué extraño! ¿Por qué nadie saluda? – se pregunta intrigado.

De repente, siente unas fuertes palmadas en la espalda:

---

[12] Fruncir el ceño: frown
[13] Emitir: to say

C. ¡Rogelio, Rogelio, vamos despierta, hombre! - repite Consuelo, su mujer, bastante apurada[14].

Rogelio abre los ojos y levanta la cabeza que tiene apoyada sobre la mesa de su portería.

R. ¡Ufff, todo es un mal sueño! – exclama el portero aliviado.

---

[14] Apurada: embarrassed

Capítulo 2- ¡El mundo es un pañuelo!

Hoy empieza el curso de español en una academia de Alicante. Los alumnos están excitados, pero también un poco tensos. Peter es uno de ellos. Está contento, pero se muestra[15] tímido porque todavía no conoce a nadie. Mira a su alrededor y ve a otros chicos también asustados.

Todos se sientan, y por fin empieza la clase. La profesora pide a los alumnos que interroguen a sus compañeros para obtener información sobre ellos. Los alumnos se levantan de sus sillas y se

---

[15] Mostrarse: appear

aproximan unos a otros; empieza el interrogatorio.

P. Hola, me llamo Peter, ¿y tú cómo te llamas?

M. Hola Peter, yo me llamo Michael; ¿eres inglés?

P. Sí, soy inglés, ¿y tú de dónde eres, Michael?

M. Yo soy inglés también, de Cambridge.

P. ¿Ah sí?, ¿y vives en Cambridge?

M. ¡Sí, claro!, ¿y tú, dónde vives? – pregunta otra vez Michael.

P. Yo vivo muy cerca de Cambridge, en un pequeño pueblo que se llama Milton – contesta Peter.

M. ¡Vaya, qué casualidad[16]! ¿Sabes que yo estudio alemán en Milton, en la academia Babilonia?

---

[16] ¡Vaya, qué casualidad!: what a coincidence!

P. ¿De verdad?[17], pues yo estudio francés en la misma academia.

M. ¿Sí?, ¿qué lenguas hablas, Peter?

P. Hablo inglés, español, francés y un poquito de italiano. ¿y tú, Michael?

M. Yo hablo inglés, español y alemán.

La profesora de español, Carmen, pone fin al[18] interrogatorio y los alumnos vuelven a sus sitios. Es hora de[19] compartir la información con el resto. Carmen pregunta a uno de sus alumnos:

C. ¿Peter, qué sabes de tu compañero?

Peter parece excitado, tiene prisa por[20] compartir la información de Michael con los otros compañeros:

---

[17] De verdad: truly
[18] Poner fin a (algo): to put an end to (something)
[19] Es hora de ...: it is time to...
[20] Tener prisa por (verbo): to be anxious to (verb)

- Él se llama Michael, es inglés y vive en Cambridge. Habla inglés, español y también alemán. Y lo mejor de todo[21]- exclama- estudia en la misma academia de lenguas que yo. *"It´s a small world"* – asegura Peter en inglés.

La profesora asiente con la cabeza[22] y traduce la frase de Peter:

- Sí, Peter, "el mundo es un pañuelo"[23]

[21] Lo mejor de todo: the best of all
[22] Asentir con la cabeza: to nod
[23] "El mundo es un pañuelo": idiom that means "it's a small world"

Capítulo 3- Su apellido, por favor

Es sábado por la mañana y el teléfono no para de sonar en el hotel "Sol de Levante". Hay mucho ruido en la recepción del hotel; un grupo de turistas acaba de llegar[24] y espera impaciente ser atendido.

La recepcionista responde otra llamada:

R. Buenos días, ¿dígame?

Sr. T. Buenos días señorita, soy el señor Torrente de la habitación 565, y ...

[24] Acabar de ... (infinitivo): to have just ... (p.participle)

R Perdone, ¿puede repetir?, ¿es usted el señor...? – interrumpe la recepcionista.

Sr. T. Sí, soy el señor Torrente de la habitación 565.

R. Muy bien, dígame, señor Llorente.

Sr. T. ¡No, no, no, señorita!, yo no soy el señor Llorente, soy el señor Torrente.

R. Perdone, señor Moriente... ¿y de segundo, cómo se apellida?

Sr. T. Señorita, me apellido Torrente[25], y de segundo, Huerta[26].

R. Perdone, es que hay mucho ruido en recepción y no puedo oír bien. Puede deletrear[27] sus dos apellidos por favor,

Sr. T. Sí, de primero, Torrente; se escribe: te, o, erre, erre, e, ene, te, e. Y de segundo, Huerta; se escribe: hache, u, e, erre, te, a.

R. Ahora sí, entonces es usted el señor

---

[25] Torrente: surname; torrent
[26] Huerta: surname; (vegetable) garden
[27] Deletrear: to spell (out)

Corriente Puerta, de la habitación 656, ¿dígame en qué puedo ayudarle?

Sr. T. Ufffffff ¿Cómo se apellida usted, señorita? – suspira el cliente derrotado.

R. Sí, yo soy la señorita Sastre[28], señor Corriente.

Sr. T. Gracias señorita Desastre[29]: De de Dinamarca, e de España, ese de Sevilla, a de Alemania, ese de Sevilla, te de Tenerife, erre de Roma, y e de España. Creo que no puede ayudarme en nada.

R. Gracias a usted, señor Torrente. Adiós y buenos días.

Sr. T. Adiós.

[28] Sastre: surname; tailor
[29] Desastre: hopeless

Capítulo 4- Un trabajo perfecto

Eduardo está sentado en un café próximo al SEPE[30]. Tiene una revista entre sus manos y lee atento los anuncios de empleo. Está desesperado; necesita un trabajo y sabe que es muy difícil conseguir uno digno hoy en día[31].

- Este parece interesante – susurra-. *"Se busca contable con experiencia y conocimientos de inglés,..."* Creo que el empleo es para mí- piensa.

---

[30]SEPE (Servicio de Empleo Público Estatal): Job Centre
[31] Hoy en día: nowadays

Pero, un poco más adelante, lee:

- *"Abstenerse[32] mayores de 40 años".* ¡Oh, no! – exclama- yo tengo sólo 42 años, ¡qué injusto! Bueno, hay muchas más ofertas, veamos. Aquí dice: *"Se necesita contable urgentemente, con conocimientos de informática y francés".* ¡Vaya!, yo no hablo francés, ¡qué lástima! - se lamenta –. A ver[33], este otro: *"Se requiere contable responsable con al menos[34] 5 años de experiencia y buen inglés".* Perfecto – dice contento- .

Pero continúa y lee:

- *"Es imprescindible tener carnet de conducir".* Ahhhh, yo no tengo carnet de

---

[32] Abstenerse: stay out
[33] A ver: let´s see
[34] Al menos: unless

conducir[35] –exclama- ¡qué desgracia!, otro que tampoco es para mí. Veamos[36] más abajo, sí, sí, aquí, aquí está; este trabajo me interesa: *"Se busca persona responsable para trabajar como contable en una empresa internacional. Se requieren conocimientos básicos de inglés y disponibilidad para trabajar los sábados. Sueldo bien remunerado".* Al fin[37], lo encontré – exclama contento, y señala el anuncio con un gran círculo-.

El camarero se aproxima a la mesa de su cliente y le deja la cuenta. Eduardo saca el dinero de su bolsillo y dice al camarero:

- Quédese con el cambio[38], amigo, hoy es mi día.

---

[35] Carnet de conducir: driving license
[36] Veamos: let's see
[37] Al fin: at last
[38] Quédese con el cambio: keep the change

El camarero agradecido mira la revista de Eduardo y le dice:

- Señor, esa revista es del mes pasado, pero también tenemos la revista de este mes, ¿le interesa verla?

Eduardo con rostro desfigurado[39] exclama:

- No, gracias, hoy no es mi día, quizás mañana.

[39] Desfigurado: disfigured, defaced

Capítulo 5- La Familia Real española

Nicoleta es una chica rumana de 19 años que lava cabezas en una peluquería de las afueras de Madrid. Es la hora del descanso y Nicoleta se sienta junto a una compañera de trabajo:

N. ¿Qué haces? – pregunta la chica rumana.

P. Entretenerme[40] un poco con esta revista- contesta Pati, su compañera-. Mira, esto es una foto de la Familia Real española, ¿la conoces?

---

[40] Entretenerse: to amuse oneself

N. No, es que llevo[41] pocos meses en España.

P. Claro, mira yo te explico: esto es Palma de Mallorca; los reyes veranean[42] allí. Este es el Rey don Juan Carlos, y esta es la Reina doña Sofía. Los Reyes tienen tres hijos, dos hijas y un hijo, y muchos nietos.

N. ¡Ah, sí!, ya veo, son una gran familia, y todos son muy guapos - asegura Nicoleta.

P. Sí, sí lo son. La Reina de España es griega, ¿sabes? y habla varias lenguas: griego español, inglés.... Y mira estos son los Príncipes de Asturias: Felipe, el hijo de los Reyes, y su mujer Letizia.

N. Letizia es muy elegante.

P. Sí, y viste muy bien; ella es periodista, pero ahora acompaña al Príncipe.

N. ¿Y tienen hijos?

P. Sí, tienen dos niñas, son estas y se llaman

---

[41] Llevar (+ tiempo): be there for (+ time)
[42] Veranear: to spend one´s summer holidays

Sofía y Leonor.

N. Ah, ¿y estas quiénes son?

P. Estas son las hermanas del Príncipe Felipe, Elena y Cristina.

N. ¿Están casadas?

P. Cristina sí; está casada con Iñaki, pero Elena está divorciada.

N. Oye, ¿y todos estos niños?

P. Todos ellos son los nietos de los Reyes. Mira, Froilán y Victoria son los hijos de Elena, la hija mayor[43] de los Reyes. Y estos otros son sus primos: Juan, Pablo, Miguel e Irene, los hijos de Iñaki y Cristina.

N. ¿Y toda la familia vive en Madrid?

P. Casi toda. Cristina e Iñaki viven en Barcelona.

N. ¡Vaya, qué interesante!

P. Bueno, ahora te dejo, Nicoleta, tengo que volver al trabajo – exclama Pati.

---

[43] Hija mayor: eldest daughter

A los pocos minutos, Caridad, una compañera peruana, se sienta junto a Nicoleta:

C. ¿Qué haces? – pregunta intrigada.

N. Miro una foto de la Familia Real española, ¿la conoces?

C. Pues, no, es que llevo poco tiempo en España – comenta la chica peruana.

N. No importa, yo te cuento... - continúa Nicoleta señalando con el dedo la foto -. Mira, estos son los Reyes de España, ...

Capítulo 6- En el restaurante

Fede y Victor coinciden[44] un día más a la salida de la oficina de empleo. Lamentan, como siempre, la falta de empleo, pero prefieren no hablar del asunto. A pesar de todo[45], Fede está de buen humor[46] y trata de animar a Victor, que parece abatido[47].

F. Victor, hoy ceno en un restaurante ¿quieres venir?

---

[44] Coincidir: to meet
[45] A pesar de todo: spite of all
[46] Estar de buen humor: to be in a good mood
[47] Abatido: downhearted

V. Fede, eso ..., eso cuesta dinero – asegura Victor titubeando.

F. No te preocupes, invito yo - exclama Fede muy seguro.

V. Bueno, si es así, ¿pero tienes dinero? – pregunta su amigo dudoso.

F. No te preocupes,... confía en mí – insiste Fede.

Abandonan el SEPE[48] y enseguida entran en un restaurante. Eligen una mesa al lado de la ventana y casi al instante aparece el camarero para servirles:

C. ¿Desean ver el Menú del día?

F. No, gracias, preferimos ver la Carta – dice Fede.

Víctor escucha a su amigo atónito, sin decir nada; y toma la Carta que ofrece el camarero.

---

[48] SEPE (Servicio Público de empleo Estatal): Job Centre

C. ¿Qué desean tomar los señores?

F. De primero, yo quiero sopa de pescado y de segundo langosta – dice Fede.

C. ¿Y usted, señor?

V. Sí, para mí, ensalada de primero; y pimientos rellenos de segundo, por favor - pide tímidamente Víctor.

C. ¿y para beber, qué desean? – continúa el camarero.

F. Yo, una copa del mejor vino blanco.

V. Para mí, sólo agua, gracias - dice Víctor inseguro.

Fede saborea la cena relajado, mientras Víctor le interroga:

V. ¿Seguro que tienes dinero para pagar todo esto?

F. No, pero tú no te preocupes – contesta Fede mientras hace señas al camarero.

Víctor está indignado con su amigo, pero el camarero se acerca y contiene su rabia.

F. Perdone, necesitamos un poco más de pan – dice Fede.

C. Ahora mismo, señores.

El camarero vuelve al instante con la canastilla de pan en su mano y pregunta:

C. ¿Desean algo más?

F. Sí, otra copa de vino, – exclama Fede.

C. Muy bien, ¿y de postre, qué quieren tomar?

F. Yo, fruta del tiempo, por favor – pide Fede.

V. Para mí, nada, gracias. Estoy bastante lleno[49] – responde Víctor, todavía malhumorado[50].

C. Muy bien.

---

[49] Estar lleno: to be full
[50] Malhumorado: bad-tempered

El camarero abandona la mesa y vuelve al poco rato con el postre de Fede.

C. Aquí tiene, señor, su fruta.

F. Gracias.

Los dos comensales[51] terminan la cena casi sin mediar palabra[52]. Víctor, pensativo, mira la hora en el reloj de pared del restaurante. Es ya tarde, pero Fede no parece inquietarse[53].

Los camareros empiezan a abandonar el restaurante después de terminar su faena. Finalmente, Víctor pregunta:

V. ¿No nos vamos?

F. No, tenemos que esperar un poco más – comenta Fede, mientras trama[54] su estrategia.

---

[51] Comensal: fellow diner
[52] Sin mediar palabra: without a single word
[53] Inquietarse: to worry
[54] Tramar: to plot

Víctor no entiende la actitud de su amigo, pero obedece.

Al rato[55], cuando el último camarero sale por la puerta. El dueño del restaurante se aproxima a la mesa y dice:

D. Perdonen señores, vamos a cerrar, ¿pueden abonar[56] la cuenta, por favor?

F. Disculpe – contesta Fede con aire indignado – la cuenta está ya pagada, esperamos el cambio.

El dueño busca al camarero de la mesa, pero no lo encuentra. Para no contrariar[57] a sus clientes, les pregunta:

D. Perdonen, ¿recuerdan cuánto es su cambio?

F. 5 euros con 67, exactamente- responde

---

[55] Al rato: after a while
[56] Abonar: to pay
[57] Contrariar: to annoy

Fede, fingiendo estar enojado.

Al momento[58], el hombre aparece con el cambio en un plato. Se disculpa por el incidente y despide a sus clientes.

Antes de abandonar el restaurante, Fede deja los 67 céntimos de propina sobre la mesa y toma el resto del dinero.

F. Esto es para ti, Víctor- dice Fede, a la vez que[59] introduce los cinco euros en el bolsillo de su amigo.

V. ¿Para mí? – responde Víctor sorprendido.

F. Sí, - reitera Fede -, yo no necesito el dinero, mañana ceno en otro restaurante.

---

[58] Al momento: straightaway

[59] A la vez que ... : at the same time that ...

Capítulo 7- El pueblo de Gustavo

Gustavo es un niño costarricense que pasa unas semanas con una familia de Madrid. Como cada verano, el gobierno de la Comunidad de Madrid organiza una campaña de acogida de niños pobres de otras nacionalidades. La experiencia promete ser enriquecedora para las dos partes, familia y niños, que participan en el proyecto.
La familia Gutiérrez: Francisco, Patricia y Raúl, un niño de 8 años, está contenta de acoger a Gustavo. Quieren enseñarle cómo es la vida en un

país europeo y se esmeran en ofrecer una estancia agradable al niño.

Gustavo y Raúl tienen la misma edad. Se llevan bien[60] y les encanta estar juntos. Siempre tienen algo de que hablar[61] y encuentran fascinante el mundo del otro.

R Gustavo, ¿dónde está tu pueblo?- pregunta Raúl.

G. Mi pueblo está en el norte de Costa Rica, muy lejos de aquí.

R. Ah, sí, ¿y cómo es?

G. Mi pueblo es pequeño, pero muy bonito; en él vivimos sólo unas pocas familias.

R. ¿Ah sí?, ¿y qué tiene tu pueblo?

G. Mi pueblo tiene..., tiene... algunas casas y una escuela y una iglesia y... y..., y también una fuente – titubea[62] Gustavo.

---

[60] Llevarse bien: get on well.
[61] Algo de que hablar: something to talk about
[62] Titubear: to hesitate

R. ¿Hay parques en tu pueblo? – pregunta Raúl curioso.

G. No, no tenemos parques, ni jardines, ni plazas, ni monumentos.

R. ¿No?, ¿y hay algún museo en tu pueblo?

G. No, claro que no. En mi pueblo no hay casi de nada. Bueno... -vuelve a titubear Gustavo- tenemos cosas diferentes.

R. ¿Y playa? ¿Hay piscina en tu pueblo? – pregunta Raúl incansable.

G No, tampoco hay piscina, pero tenemos un río, y un puente, aunque pequeño. ¿Quieres conocer mi pueblo?

R. Bueno, no sé – duda Raúl –es que... ¡hay tan pocas cosas en tu pueblo!

G. Sí, pero mi pueblo es muy especial. No es industrial, ni moderno, ni cosmopolita, como Madrid; pero está lleno de vida. Y casi siempre luce el sol y... - continúa Gustavo excitado.

Raúl sabe que Gustavo es un dibujante excelente, todo un artista, así que enseguida tiene una genial idea:

R. ¿Por qué no me dibujas tu pueblo?

G. Sí, eso es una buena idea – dice Gustavo.

El niño empieza a dibujar y llena todo el papel de color. Su amigo no puede creer lo que ven sus ojos, al momento queda maravillado[63] por la belleza del cuadro. No hay demasiado en él, pero una luz intensa impregna[64] la escena y la magia del lugar se percibe al instante.
Ahora Raúl entiende lo que su amigo no puede expresar con palabras y muy interesado dice a su madre:

R. Mamá quiero visitar el pueblo de Gustavo, ¿cuándo vamos?

---

[63] Quedar maravillado: to be amazed
[64] Impregnar: to impregnate

Capítulo 8- En el hotel

Marcelino llega exhausto a la recepción de un hotel. Tiene prisa por encontrar una habitación para descansar:

M. Buenos días, quiero una habitación individual con baño, por favor.

R. Sí, tenemos una; ¿para cuántas noches?

M. Sólo para una noche.

R. ¿Desea desayunar en el hotel? – interroga la recepcionista.

M. Sí, claro – asegura el cliente.

R. Muy bien, su carnet de identidad, por

favor.

M. Sí, aquí tiene.

R. Gracias. Su habitación es la número 245. Esta es su llave.

M. Muchas gracias.

El hombre toma la llave y sube a la habitación. Entra y se acomoda en ella. Necesita utilizar el aseo, pero no encuentra el papel higiénico. Enseguida toma el teléfono para informar a la recepcionista:

M. Señorita, no hay papel higiénico en mi habitación.

R. Lo siento señor, no queda[65] más papel higiénico en el hotel. Pero, tomo nota[66] para reponerlo pronto.

M. Gracias – contesta el cliente insatisfecho.

---

[65] No queda (algo): there is no ... left

[66] Tomar nota: to take into account

Es agosto y hace bastante calor. Marcelino pone el aire acondicionado, pero no sale el aire; el aparato no funciona. Malhumorado[67], toma el teléfono para hablar de nuevo con la recepcionista:

M. Mire, señorita, el aire acondicionado no funciona.

R. Lo lamento mucho señor, pero hay una avería general en el sistema.

M. Perfecto – responde Marcelino con tono irónico.

Para remediar el calor, Marcelino decide ducharse. Abre el grifo, pero no sale agua; otra avería más, la ducha no funciona. Coge de nuevo el teléfono y marca el número de recepción:

[67] Malhumorado: crotchety

M. Señorita, tengo otro problema: la ducha no funciona, ¿pueden arreglarla enseguida? – pregunta impaciente.

R. Lo siento señor, pero el fontanero no trabaja hasta mañana.

M. ¡Ah, pues muy bien! – contesta sarcásticamente y cuelga el teléfono de inmediato[68].

Al día siguiente, después de desayunar, Marcelino se prepara para abandonar el hotel. Llega a la recepción y pide su factura.

R. Son 35 euros, señor – confirma la recepcionista.

El hombre saca su billetera del bolsillo de su chaqueta y con una sonrisa irónica, exclama:

M. ¡Qué mala suerte, señorita, no me queda dinero en la billetera!

---

[68] De inmediato: immediately

R. Bueno, pero seguro que tiene una tarjeta de crédito.

M. Sí, pero por desgracia, mi tarjeta no funciona desde hace días.

R. ¿Por qué no va al banco? Hay varios por aquí cerca.

M. No, no señorita, eso es imposible, los bancos no trabajan hasta mañana.

La recepcionista entiende la protesta[69] de su cliente y no responde.

---

[69] La protesta: the complaint

Capítulo 9- ¿Dónde está?

Es sábado y Martina sale a dar su paseo[70] matinal. Hoy está más despistada que de costumbre[71], pero no quiere renunciar a su recorrido. Después de andar un trecho[72] y hacer sus compras en un supermercado próximo, decide regresar a casa. Cruza la placita que hay enfrente del supermercado y toma la primera calle a la derecha, y después la segunda a la izquierda.

---

[70] Dar un paseo: to go for a walk
[71] De costumbre: usual
[72] Andar un trecho: to move forward

Enseguida se da cuenta[73] de que su casa no está ahí, donde ella piensa.

- Vaya, creo que estoy perdida- exclama.

No quiere equivocarse más y prefiere preguntar. Pero no recuerda el nombre de la calle donde vive. Lo que sí recuerda es que desde la ventana de su habitación ve un parque. Su casa está justo enfrente de un parque. Decide preguntar por el parque más cercano.

- Perdone, ¿dónde hay un parque por aquí?
- Sí, mire, siga todo recto hasta el final y después tome la segunda calle a la izquierda. Detrás del colegio hay un parque.
- Muchas gracias.

Martina trata de seguir las indicaciones:

---

[73] Darse cuenta de algo: to realise something

- Todo recto hasta el final, y después... ¿la primera o la segunda calle?... ¿y a la derecha o a la izquierda? Vaya, no recuerdo, es mejor preguntar otra vez –susurra Martina- Esta vez pregunto por el Teatro Avenida; está seguro al lado de mi casa y sólo hay uno.
- Perdona joven, ¿sabes dónde está el teatro Avenida?
- Sí señora, mire tome la primera calle a la izquierda y después la segunda a la derecha. El Teatro Avenida está justo ahí, entre el banco y el centro hospitalario.
- ¡Gracias joven!
- De nada, señora.

Después de andar pocos metros, Martina ya no recuerda las indicaciones del joven. Continúa por la misma calle, aunque desorientada, y se para enfrente de un semáforo en rojo.

Alguien toma el brazo de Martina:

- Martina, ¿vamos juntas a casa? Yo también voy para allá.
- Si no es molestia[74], hija ...
- Claro que no Martina.

Las dos mujeres avanzan agarradas del brazo[75]. Cruzan la calle, continúan todo recto y toman la primera calle a la izquierda y después la segunda a la derecha.

Enseguida cruzan un parque y pasan por delante de un gran banco, que está al lado del Teatro Avenida. Y después de escasos metros, la joven anuncia:

- Bueno, ya estamos en casa.
- Gracias, hija.
- De nada, Martina.

---

[74] Molestia: bother

[75] Agarradas del brazo: arm in arm

Antes de entrar en el edificio, Martina mira hacia arriba en busca de una señal para recordar la casa. En letras blancas, muy grandes lee: "Centro de Alzheimer de Madrid".

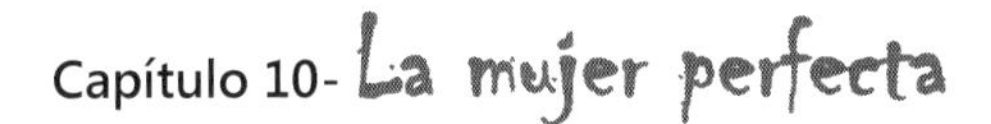

Capítulo 10- La mujer perfecta

Juan Antonio es un joven enamoradizo[76], sin demasiada fortuna en el amor. Todos los días, después del trabajo, pasa por la tienda de ropa donde está su chica. La observa desde afuera, a través del escaparate, y se deleita[77] observando su rostro. Los rasgos de su cara son perfectos; tiene unos grandísimos ojos azules, nariz pequeña y labios rojos, bien contorneados. Su cuerpo es también perfecto. Es delgada y esbelta, quizás más alta que él. Y cualquier trapo le sienta bien.

---

[76] Enamoradizo: who falls in love very easy

[77] Deleitarse: to enjoy (doing something)

Cada día le sorprende con ropa diferente y un nuevo peinado. Hoy lleva un vestido negro muy elegante y unos zapatos de salón altos. Ayer, un vaquero azul y una camisa blanca. Y el día anterior, una falda verde y una blusa de flores. Juan Antonio recuerda todo su vestuario, también los peinados que luce. Ella es pelirroja y tiene el pelo corto y liso, pero hoy su pelo es rubio y rizado, a juego con[78] su elegante vestido. A Juan Antonio le encanta la versatilidad de su aspecto. Desenfadada, pero elegante; de semblante serio, pero insinuante pose. Sin duda, es la mujer que busca.

Finalmente decide entrar en la tienda. Avanza hacia su chica con paso firme[79] y seguro de sus sentimientos, pero ella parece no prestarle

[78] A juego con...: matching with
[79] Con paso firme: with determination

atención[80]. La encargada de la tienda se aproxima al visitante y le saluda:

E. Buenos días, señor, ¿qué desea?

J.A. Mire, estoy interesado en esta señorita- explica Juan Antonio señalando con el dedo.

E. ¿Se refiere usted a la maniquí?- interroga la encargada de la tienda.

J.A. Bueno, si no tiene otro nombre, sí, a la maniquí.

E. Lo siento mucho, señor, pero la maniquí no está en venta[81] - aclara la encargada.

J.A. Gracias – responde Juan Antonio, desilusionado.

Antes de abandonar el local, el hombre se para ante la mujer perfecta y le dirige su última mirada.

---

[80] Prestar atención: pay attention
[81] Estar en venta: to be for sale

Es un triste adiós a su chica maniquí, que ahora ya sabe no está en venta.

Capítulo 11- El apartamento

En un balcón de una de las calles más céntricas de Valencia se lee "se alquila piso a precio asequible[82]". La vivienda está en el piso tercero de un edificio de siete plantas. Es un edificio moderno que conserva en su fachada ornamentos de estilo clásico.

El piso es grande; tiene tres dormitorios, un salón-comedor, dos baños y una cocina. En total unos 120 m^2. El salón tiene un balcón que da a la calle

[82] Asequible: affordable

principal. El piso es luminoso y amplio. Está todo amueblado con piezas de excepcional gusto.

El inmueble permanece intacto desde el fallecimiento[83], hace ya tres años, de su propietario, don Dionisio. Desde entonces todo continúa en el mismo lugar e inalterado; incluso el olor en el ambiente parece todavía rendir culto[84] al muerto.

Mucha gente se interesa por la vivienda casi a diario, pero después de visitarla, nadie decide alquilarla. Los últimos en ver el piso son una pareja de recién casados:

- El piso es amplio y muy acogedor – dice la mujer.
- ¡Oh, sin duda! – afirma el marido- Y tiene mucho carácter.

---

[83] Fallecimiento: death
[84] Rendir culto: to worship

- Sí, esto es precisamente lo que buscamos, una vivienda con carácter- asegura la mujer.

De un dormitorio pasan a otro. El segundo es más grande que el primero. Tiene dos camas con dos mesillas de noche y un gran armario empotrado[85]. Es ideal para acomodar a los familiares y amigos que a menudo visitan a la pareja.

Después inspeccionan los baños y seguidamente la cocina. Esta está completamente equipada. Tiene de todo: cocina eléctrica con horno, microondas, frigorífico, e incluso lavavajillas. Todo parece complacer a la pareja.

Siguen por el pasillo y entran en el salón. El característico olor de la vivienda es aquí más intenso que en el resto del piso. La pareja avanza por el salón. De repente, el marido tropieza en un

[85] Armario empotrado: fitted wardrobe

pliegue de la alfombra y cae al suelo estrepitosamente[86]. Cuando está ya en el suelo, un cuadro de la pared se descuelga y le golpea la cabeza. Se levanta mareado y se sienta en uno de los sillones del salón. Parece a salvo[87], pero cuando trata de encender la lamparita que tiene al lado, recibe una descarga eléctrica. Está mareado y confundido. No sabe lo que le ocurre. El piso parece confabularse en su contra[88]. El hombre, todavía aturdido[89], convence[90] a su mujer de abandonar enseguida la vivienda.

La casa se queda por fin sola; y el salón, después de la batalla librada[91], en calma. El retrato de un hombre, colgado en la pared, preside la estancia y vigila con celo todo lo que allí ocurre.

---

[86] Estrepitosamente: with a (loud) crash
[87] A salvo: safe
[88] Confabularse en su contra: to conspire against him.
[89] Aturdido: dazed
[90] Convencer a alguien de algo: to convince someone of someting
[91] Batalla librada: battle fought

Cuando la pareja sale por la puerta, don Dionisio, el bigotudo hombre del cuadro, restaura el orden. Y con un rápido guiño[92] todo vuelve a su lugar de origen, listo para la llegada de nuevos visitantes.

---

[92] Guiño: wink

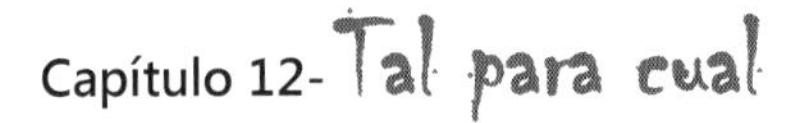

Capítulo 12- Tal para cual

Arturo y Beatriz se dan cita[93] en un restaurante. Ellos son clientes de la agencia de contactos "Tal para cual" y se reúnen para conocerse.

Arturo es arquitecto y tiene 37 años. Es rubio, alto y tiene los ojos azules. Es un hombre apuesto[94] y de cuerpo atlético; algo tímido y poco hablador. Por el contrario[95], Beatriz es una chica sencilla, nada fuera de lo común[96], ni alta ni baja; ni gorda,

---

[93] Darse cita: to meet
[94] Apuesto: atractive
[95] Por el contrario: on the contrary
[96] Nada fuera de lo común: nothing out of the ordinary

ni delgada. No es guapa, pero es simpática y muy habladora. Trabaja como relaciones públicas en una empresa de marketing y tiene 32 años.

Pasados pocos instantes del encuentro, Beatriz se atreve a romper el hielo[97] y la pareja inicia una charla forzada. Pero al poco rato, la conversación no cesa[98] entre ellos dos; y después de una copa de vino, los dos desconocidos se interrogan sin vacilo[99].

B. ¿Qué te gusta hacer en tu tiempo libre, Arturo? – pregunta Beatriz.

A. Me encanta practicar deportes al aire libre, escalada y deportes de vela, ¿y a ti?

B. ¡Uyyyy!, a mi no me gustan nada los deportes, prefiero actividades más tranquilas, como el yoga.

---

[97] Romper el hielo: to break the ice
[98] Cesar: to stop
[99] Sin vacilo: without any hesitation

A. Vaya - se lamenta Arturo -¿y qué haces los fines de semana?

B. Los fines de semana me encanta salir con amigos, ir de copas, cenar en restaurantes...

A. ¿Te gusta ir al cine o al teatro?- interrumpe Arturo.

B. Prefiero bailar, me encantan los ritmos latinos, ¿y a ti?

A. ¡Oh, no!, a mí no me gusta nada bailar, soy muy torpe – confiesa Arturo.

B. ¡Qué pena! – lamenta Beatriz- ¡es tan divertido!

A. Sí, pero me gusta tocar la guitarra, ¿y tú, tocas algún instrumento?

B. No, pero canto muy bien.

A. ¿Y qué tipo de música te gusta escuchar?

B. Me gusta la música latina; mi cantante favorito es Ricky Martin. ¿Y a ti?- pregunta Beatriz con interés.

A. Yo prefiero escuchar música clásica.

B. ¡Vaya, pues sí que somos diferentes! - exclama Beatriz sonriente.

A. Sí - confirma Arturo, sin dar importancia[100].

La conversación se prolonga[101] hasta muy tarde y la pareja no encuentra el momento de acabar. Finalmente deciden despedirse, pero antes conciertan[102] otro encuentro.
Nada más terminar, suena el teléfono móvil de Arturo.

A. ¿Sí, dígame?- contesta Arturo.

- Hola Arturo, llamo de la agencia "Tal para cual". Lamentamos el error, pero hay una confusión de datos en el sistema. Beatriz y tú no tenéis nada en común, más bien

[100] Dar importancia: take account of
[101] Prolongarse: to go on; to carry on
[102] Concertar: to arrange

todo lo contrario. Pero, no te preocupes porque ya tenemos a tu chica ideal...

Arturo escucha con poca sorpresa y enseguida interrumpe a su interlocutor:

A. ¿A mí chica ideal? Beatriz, es mi chica ideal. Es cierto que ella y yo no tenemos los mismos gustos, pero eso no importa; esta es la mejor cita de todas y me alegro de la equivocación. Creo que somos "tal para cual"[103].

[103] "Tal para cual": idiom that means "two of a kind" or "made for each other"

Capítulo 13- Odiosa rutina

Son las diez de la noche y Eleuterio se prepara para ir a trabajar. Su mujer Amparo refunfuña[104] una vez más desde la cocina, mientras friega los cacharros[105] de la cena:

A. Eleuterio, recuerda no despertarme por la mañana al llegar[106] a casa.

E. Amparo, mujer, es que tú tienes un sueño muy ligero.

---

[104] Refunfuñar: to grumble
[105] Fregar los cacharros: to wash the dishes
[106] Al llegar: when you arrive

A. Tonterías[107] – replica Amparo seca[108] para terminar cuanto antes[109] la conversación.

Eleuterio sale normalmente de casa a las diez y cuarto para llegar puntual a su turno de noche. Es celador[110] en un hospital y trabaja de diez y media de la noche a seis y media de la mañana.
Su mujer Amparo odia el horario y casi a diario discute con su marido:

A. Eleuterio, cuando tú te acuestas, yo me levanto. Cuando tú desayunas, yo como. Cuando tú comes, yo ceno. Y cuando yo me acuesto, tú sales de casa. ¿Es esto vida?
E. Amparo, es sólo cuestión de tiempo…

---

[107] Tonterías: rubish, nonsense!
[108] Seca: short
[109] Cuanto antes: as soon as possible
[110] Celador: orderly

A. Si no encuentras enseguida otro trabajo, esto se acaba, Eleuterio, esto se acaba – amenaza Amparo.

A veces, él también detesta su trabajo. Hoy es uno de esos días. El hospital parece alborotado; hay muchas urgencias que atender. Además es martes y trece, y esa fecha no promete nada bueno - sospecha él.

Eleuterio acude a la tercera planta del hospital donde un paciente yace fallecido[111] en la habitación número 13. Tiene que trasladar el cuerpo al depósito de cadáveres[112], en el sótano del edificio.

Cuando desciende en el ascensor, un papelito doblado cae al suelo de la mano del difunto[113]. Está aterrado, y se queda sin aliento[114] durante

[111] Yacer fallecido: to lie dead
[112] Depósito de cadáveres: morgue
[113] Difunto: deceased
[114] Quedarse sin aliento: to gasp

unos segundos. Pero la curiosidad puede más que su miedo y recoge el papelito para guardarlo en su bolsillo.

Ya son cerca de las seis de la mañana, es casi la hora de terminar el trabajo para volver a casa. Recuerda que todavía tiene el papelillo en el bolsillo y lo saca para verlo.

E. Es un boleto de la ONCE[115], no puedo creerlo –exclama- y además acaba en 13.

Eleuterio, antes de salir del hospital, echa una ojeada[116] al periódico del día. Busca el número premiado en el sorteo de la ONCE.
Cuando comprueba que su número es el agraciado[117], no puede dar crédito a[118] su suerte y sale corriendo del hospital para celebrarlo.

---

[115] ONCE: Organización Nacional de Ciegos Españoles
[116] Echar una ojeada: to have a look
[117] Agraciado: prizewinner
[118] Dar crédito: to believe

Sobre las siete menos cuarto llega a casa. Su mujer todavía duerme. Esta vez prefiere no despertarla y va a la cocina para preparar el desayuno.

Cuando es la hora, Amparo se levanta, después se ducha y se dirige a la cocina para preparar el desayuno y desayunar sola, como de costumbre. Pero esa mañana el desayuno está ya servido, y Eleuterio espera a su mujer sentado a la mesa.

A. ¿Estás bien? – pregunta ella.

E. Por supuesto, mejor que nunca.

A. ¿Y no te acuestas?

E. No, hoy no. Esta noche duermo en casa – confiesa Eleuterio sonriente y relajado.

A. Sí, tonterías – responde incrédula ella.

Capítulo 14- El cumpleaños

Es uno de marzo, el día del cumpleaños de Asunción. Hoy cumple 40 años.
Asunción es una mujer sensible y muy soñadora, aunque tampoco le falta vitalidad y apego a la vida[119].

Está casada y tiene dos niños. Como cualquier ama de casa, atiende su hogar y a su familia. Y por las tardes y fines de semana todavía saca tiempo[120]para trabajar en la cocina de un restaurante.

---

[119] Apego a la vida: fondness for life

Asunción apenas tiene tiempo para ella. No cuida su aspecto, pero, a pesar de ello[121], parece más joven.

Lleva casada más de 10 años con Martín, su marido. Martín es un hombre corriente, con pocas ambiciones; es trabajador y responsable, pero de carácter agrio[122]y un tanto obstinado. No sabe expresar afecto, y cuando lo hace, siempre estropea[123] el momento. Su matrimonio no es perfecto, pero ella nunca se queja.

Este año, como todos los demás, Asunción recibe en el restaurante un ramito de lirios blancos. Busca la tarjeta entre las flores; pero, como siempre ocurre, no la encuentra. Le gusta fantasear[124] y sospecha que tiene un admirador secreto. Se imagina a un hombre guapo, con

---

[120] Sacar tiempo para algo: to find the time for something
[121] A pesar de ello: in spite of that
[122] Agrio: bitter
[123] Estropear: to spoil
[124] Fantasear: to dream

bonita sonrisa y un tanto bohemio. Sensible y romántico, como ella; y de voz grave y melodiosa.

Cuando termina su trabajo en el restaurante, Asunción regresa a casa sin las flores; prefiere guardar el secreto y no decir nada a nadie.
Pero ese día, Martín no deja de observarla.
Ella piensa que sabe algo, así que finge[125] estar cansada para acostarse pronto y evitar sospechas.

Esa noche, Asunción sueña con su admirador secreto. Un hombre alto, moreno y con el pelo ondulado. De manos grandes y estilizadas que le acaricia y susurra[126] al oído palabras tiernas.

A la mañana siguiente, Asunción se levanta contenta. Como hace habitualmente, recoge la casa y pone la lavadora. Pero antes de lavar la ropa, revisa los bolsillos de las camisas de Martín. Quiere estar segura de que están vacios para así

---

[125] Fingir: to pretend
[126] Susurrar: to whisper

no echar nada a perder[127]. En uno de los bolsillos encuentra un papelito doblado. Lo mira y enseguida ve que se trata del recibo de una floristería. En él aparece escrito: *"un ramo de lirios blancos, 24 euros".*

Asunción está sorprendida. Por fin sabe quién es su admirador. Le cuesta creerlo, pero ya no tiene duda. Martín, su marido, es también su amor secreto.

---

[127] Echar a perder: to ruin

Printed in Great Britain
by Amazon.co.uk, Ltd.,
Marston Gate.